DE LA SUBSTITUTION

DE LA

CONTRIBUTION

GÉNÉRALE

PROPORTIONNELLE ET UNIQUE

SUR TOUS LES REVENUS

à tous les impôts actuellement existants

PRIX : 50 CENTIMES.

LONS-LE-SAUNIER

IMPRIMERIE ADMINISTRATIVE DAMELET

55, rue du Commerce, 55

1871

DE LA SUBSTITUTION
DE LA
CONTRIBUTION
SUR TOUS LES REVENUS

DE LA SUBSTITUTION

DE LA

CONTRIBUTION

GÉNÉRALE

PROPORTIONNELLE ET UNIQUE

SUR TOUS LES REVENUS

à tous les impôts actuellement existants

PRIX : 50 CENTIMES.

LONS-LE-SAUNIER

IMPRIMERIE ADMINISTRATIVE DAMELET

55, rue du Commerce, 55

1871

PRÉFACE

La guerre que, pour ressaisir le pouvoir absolu qui lui échappait, l'empereur Napoléon III a déclarée à la Prusse avec la plus criminelle impéritie, et que les hommes du 4 septembre ont continuée sans espoir de succès, et uniquement dans le but non moins criminel de garder, malgré la nation ou au moins sans son aveu, le pouvoir dont ils s'étaient violemment emparés, a eu pour la France ce résultat, trois fois déplorable, de lui faire perdre deux de ses plus riches provinces, de répandre la dévastation sur 33 de ses départements et de doubler sa dette, déjà si prodigieusement accrue par les dilapidations impériales.

L'Alsace et la Lorraine lui seront rendues un jour, cela n'est pas douteux ; mais Dieu seul sait quand et comment. Pour le moment, il faut qu'elle se résigne à ce sacrifice. C'est une douleur qu'elle gardera au fond de son cœur et qui lui rappellera ce que coûtent aux peuples l'orgueil et l'ambition des monarques.

Mais quant aux dévastations, il faut les réparer complètement, largement et sans délai ; c'est pour le pays entier une obligation indiscutable.

Et quant à nos dettes, il faut pourvoir immédiatement à leur extinction dans un nombre d'années convenable, mais rigoureusement déterminé.

Un vieux proverbe dit : Toujours à quelque chose malheur est bon. Si le régime monarchique est définitivement tombé avec le déserteur de Sedan; si à sa place s'organise, se consolide un gouvernement républicain vraiment digne de ce nom, c'est-à-dire réformateur impitoyable de tous les abus, protecteur énergique de tous les droits légitimement acquis, et ayant pour règle unique la loi, expression véridique de la volonté libre et intelligente de la majorité des citoyens, la France n'aura bientôt plus à regretter ses désastres récents, et sortira de l'épreuve qu'elle subit plus morale, plus grande et plus prospère qu'elle n'a jamais été.

L'essai de ce gouvernement n'a pas encore été fait, car on ne peut pas donner sérieusement le nom de république à la sanglante orgie de 93, aux honteuses saturnales du Directoire, aux divagations de 1848 et à la présomptueuse incapacité des hommes de septembre. Les événements, en faisant table rase, ont rendu cet essai possible et même nécessaire. Qu'on le fasse donc, mais qu'on le fasse avec loyauté et intelligence. Or, dire que l'on veut maintenir et consolider la république et cependant conserver les lois, l'organisation et les mœurs monarchiques, c'est manquer ou d'intelligence ou de loyauté. A un régime nouveau il faut des institutions nouvelles. La constitution des 3-14 septembre 1791 contient le germe, la formule de ces institutions. Revenons à cette constitution, appliquons-en les principes avec logique et fermeté, et la république sera définitivement fondée.

J'ai cru qu'il pourrait être utile de dire comment, à mon avis, les principes formulés dans cette constitution doivent être compris et appliqués. Déjà, dans une série d'articles publiés dans le journal *la Sentinelle du Jura*, je me suis occupé, à ce point de vue, des impôts ; du mode à adopter pour les emprunts de l'Etat ; de la réorganisation de l'armée ; du service militaire considéré comme une *prestation due, soit en nature, soit en argent*, par tous ceux dont l'armée protège la nationalité, la personne et les biens, sans aucune acception de sexe, de position ou d'aptitude, en un mot sans aucune exception ; de la nécessité politique et financière d'aliéner le domaine de l'Etat, qui n'a plus de raison d'être ; de la nécessité du démantèlement de toutes nos villes fortifiées et du remplacement de ce moyen de défense, désormais sans efficacité, par des forteresses éloignées des agglomérations de population ; enfin de la liberté du commerce et de l'industrie au point de vue des monopoles exercés par l'Etat.

Notre système d'impôts est un des legs les plus fâcheux de l'ancienne monarchie ; il est inconciliable non seulement avec le principe républicain, non seulement avec celui d'une monarchie constitutionnelle, mais surtout avec l'équité ; il nuit à la richesse publique sans enrichir le trésor, et entretient entre les différentes classes de la population cette haine toujours grandissante qui vient de produire de si terribles effets : il doit donc être radicalement transformé. J'ai vainement cherché un germe de cette transformation dans les actes et dans les paroles du gouvernement, dans les discours des membres de l'Assemblée nationale et dans la presse.

Obéissant à ma conviction et soutenu d'ailleurs par des adhésions nombreuses et considérables, je me décide à réunir ce que j'ai écrit sur ce sujet dans la *Sentinelle du Jura* et à lui donner une plus grande publicité. Je fais bon marché de la forme, mais j'appelle sur le fond l'attention sérieuse des hommes qui aiment notre malheureuse patrie et une large discussion.

Abel JEANJACQUES,
propriétaire, à Lons-le-Saunier (Jura).

INTRODUCTION

L'épreuve que nous subissons est dure, mais les leçons qu'elle nous donne feront de cette épreuve un bienfait de la Providence, si nous savons profiter de ces leçons.

Les événements qui viennent de s'accomplir ont surabondamment démontré la fragilité et l'impuissance de cette centralisation administrative tant vantée et que, disait-on, l'Europe nous enviait.

Le bras qui fesait mouvoir la manivelle de cette immense roue qui s'étendait sur toute la France ayant été paralysé, le mouvement s'est immédiatement arrêté. Dès lors plus d'action, plus d'initiative.

Le peu de ressources qui nous restaient après le désastre de Sedan sont d'abord demeurées sans emploi, faute d'un chiffon de papier qui devait venir de Paris et qui n'arrivait pas; et quand, sous l'impulsion fiévreuse d'hommes dont je ne juge pas ici les intentions, mais dont tout le pays juge aujourd'hui la capacité, on a voulu les utiliser, il n'y a eu que désordre ou contradiction dans les mesures prises à cet effet.

La table est rase; il s'agit de construire à nouveau, en laissant de côté tout ce qui a précédé et tout ce qui a suivi 1789, et en prenant pour base les principes posés alors. Au premier coup d'œil la tâche semble immense, car tout est à refaire; mais si l'on réfléchit que les fondements de l'édifice ont été solidement assis en 1789 sur l'équité et la logique, on comprend aussitôt qu'il n'y a plus à s'effrayer, puisqu'il ne s'agit que de construire à l'aplomb de ces fondements.

Surtout point de ces combinaisons par lesquelles on marie, on cherche à faire vivre ensemble des principes inconciliables, essentiellement hostiles l'un à l'autre.

Une monarchie entourée d'institutions républicaines est tout bonnement une antinomie, un établissement mort-né. Il est dans la nature, dans l'essence de la monarchie d'être jalouse de ses droits et prérogatives et hostile aux idées républicaines. Il est dans la nature, dans l'essence des institutions républicaines, c'est-à-dire des assemblées élues périodiquement et prenant part au Gouvernement par le contrôle de sa politique, des finances, et par le vote des lois, d'être en défiance perpétuelle de la monarchie, de lutter contre ses privilèges, et de ne pas reconnaître un pouvoir supérieur à celui de la nation qu'elles représentent plus spécialement, ou, pour parler plus net, un pouvoir supérieur à leur propre pouvoir. Il s'établira donc nécessairement une lutte entre la monarchie et la représentation nationale, et l'on aboutira fatalement à un 24 février ou à un 2 décembre. L'expérience à cet égard est, ce me semble, complète : ne la recommençons pas.

Nous avons aujourd'hui la République, gardons-la.

La République, dit-on, n'est pas populaire en France. C'est vrai. Eh ! comment en serait-il autrement? On ne l'a jamais montrée au peuple que sous l'horrible forme de l'émeute, des proscriptions et de l'échafaud.

Mais ce n'est pas là la République. Il faut faire voir au peuple que la République est, au contraire, l'ordre et la sécurité pour tous, car c'est le règne de la loi, expression de la volonté de tous; or, tout le monde ne peut pas vouloir le malheur et la ruine de tout le monde, c'est-à-dire la tyrannie ou le désordre.

C'est en même temps l'état social dans lequel chacun jouit de la plus grande somme de liberté, la liberté de chaque citoyen n'ayant d'autre limite que la liberté identique des autres citoyens. En un mot, ne pas faire à autrui ce que l'on ne veut pas qu'il nous soit fait, c'est la loi fondamentale de la République.

Les principes formulés par l'Assemblée nationale de 1789 dans la Constitution du 3-14 septembre 1791 ont été laissés jusqu'à présent à l'état de lettre morte, ou faussés et dénaturés par la monarchie. Elle ne pouvait pas faire autrement sans se suicider. Reprenons donc ces principes pour base de notre réorganisation, et aussitôt se trouveront définitivement fondés la liberté, l'ordre, la sécurité et la fraternité, en un mot, la République.

10 mars 1871.

ESSAI

SUR LA

RECONSTITUTION DE LA RÉPUBLIQUE

Dans l'immense travail de reconstitution auquel les représentants de la France vont avoir à se livrer, la question la plus urgente est celle des impôts.

Ici surtout tout est à détruire et à remplacer, parce que tout y est improportionnel, inique, immoral et impolitique.

Cela ne paraît pas croyable quand on pense que depuis 56 ans les contribuables ont eu, sous le nom de députés, des mandataires chargés spécialement de réclamer l'allégement et surtout l'équitable répartition de l'impôt. Mais l'étonnement cesse quand on réfléchit que c'est à Napoléon Ier que nous devons notre législation fiscale, et que, quant aux députés, ils étaient la plupart fort ignorants de cette législation, fort préoccupés d'ailleurs de leurs petites ambitions, et presque tous au nombre des privilégiés.

Que Napoléon Ier ait été un grand capitaine, nul ne le conteste; mais la lumière s'est faite sur sa valeur comme politique et comme administrateur, et il est acquis aujourd'hui que sous ce double rapport il a été prodigieusement surfait. Dans la reconstitution de notre système financier, a-t-il songé un moment à appliquer les principes nouveaux posés par cette Révolution qui l'avait fait ce qu'il était? Il s'en est bien gardé;

il était trop intelligent pour ne pas comprendre que, si ces principes pénétraient par un point dans la vaste machine à compression qu'il organisait, leur force d'expansion la ferait bientôt éclater. Ambitieux sans moralité, égoïste sans pitié, il a tout sacrifié à sa personnalité, et nous subissons encore aujourd'hui les conséquences funestes des folies orgueilleuses du chef de cette race néfaste.

En matière de finances, Napoléon Ier n'a rien créé, il s'est borné à rétablir en les aggravant la plupart des impôts de l'ancien régime, ceux mêmes qui étaient nés dans les plus mauvais jours des siècles passés, et qui, par leur caractère vexatoire, avaient soulevé alors les plus vives résistances. Il a cherché en vain à jeter de la poudre aux yeux en en changeant les noms; les résistances ont reparu, mais sans plus de succès que par le passé, car il avait, lui aussi, dans les mains, l'*ultima ratio Regum*.

La constitution du 3-14 septembre 1791 dit :

Déclaration des droits, art. 17.

La propriété étant un droit inviolable et sacré, nul ne peut en être privé si ce n'est lorsque la nécessité publique l'exige évidemment, et sous la condition d'une juste et préalable indemnité.

Titre 1er, art. 2. Toutes les contributions seront réparties entre tous les citoyens également, en proportion de leurs facultés.

De ces deux articles il résulte que nul citoyen ne doit à l'Etat l'abandon gratuit d'une partie, si minime soit-elle, de sa propriété, c'est-à-dire de son capital ; qu'il ne lui doit que le versement annuel d'une partie de son revenu rigoureusement proportionnelle à la somme des revenus de tous les citoyens, comparée à la somme des charges annuelles de l'Etat ; qu'en conséquence : 1° la contribution ne peut constitutionnellement porter que sur le revenu ; 2° qu'elle doit atteindre tous les revenus, de quelque source qu'ils proviennent.

Ici tout est à refaire, le principe posé par l'article 2 ci-dessus étant absolument resté à l'état de lettre morte. En effet, si l'on examine nos innombrables impôts, on voit clairement :

Que la proportionnalité n'existe nulle part ;

Que tels citoyens sont rudement frappés, tandis que tels autres ne sont pas atteints, ou ne le sont que dans une proportion insignifiante ;

Que l'impôt est souvent supérieur au revenu, et par suite enlève une partie de la propriété, du capital ;

Que certaines propriétés sont atteintes par l'impôt, quoiqu'elles ne produisent aucun revenu ;

Et que très souvent ce ne sont pas les facultés du citoyen qui sont atteintes par l'impôt, mais ses besoins.

Pour demeurer convaincu de la vérité de ces assertions, il suffit de jeter les yeux sur nos lois fiscales ; ainsi :

Les lois qui établissent l'impôt du timbre ont tarifé, *en raison de leur dimension*, les papiers destinés aux actes civils et judiciaires et aux écritures qui peuvent être produites en justice. Par suite, la vente de cent francs, l'obligation de pareille somme, le contrat de mariage qui ne constate qu'un apport de cent francs, sont frappés de ce chef du même impôt que la vente, que l'obligation d'un million, que le contrat de mariage qui constate l'apport de pareille somme par chacun des époux.

Ce n'est pas tout : il semble que celui qui a payé une feuille de papier timbré, en raison de sa dimension, doit avoir le droit d'utiliser toute cette dimension. Il n'en est rien ; quand même l'acte qu'il a écrit sur cette feuille n'en occupe qu'une faible partie, il n'a pas le droit d'écrire un autre acte à la suite du premier.

Ce n'est pas tout encore : cette feuille qu'il a payée en raison de sa dimension, ne doit souvent contenir que tant de lignes par page et tant de syllabes par ligne, en sorte que telle grosse de jugement exige vingt feuilles, qui en exigerait à peine deux d'une écriture ordinaire.

Les lois sur l'enregistrement contiennent une longue nomenclature de *droits fixes* qui offrent, je ne dirai pas la même improportionnalité, mais la même progressivité, l'impôt identique devenant d'autant plus lourd que le contribuable est moins riche.

Il semble que le législateur a eu horreur de la proportionnalité, car il n'a pas pu se résoudre à l'observer, même dans les droits dits proportionnels. « *Ils suivent les sommes et valeurs de 20 en 20 francs, inclusivement et sans fraction.* » Ainsi une vente de 101 francs paie, comme une vente de 120 fr.,

7, 26 au lieu de 6, 11; soit 1 fr. 15 de droit pour une augmentation de prix de 1 fr. ! Pourquoi? Est-il donc plus difficile de calculer le droit sur 101 fr. que sur 120 fr.

Tel citoyen achète des immeubles ruraux pour 100,000 fr., immédiatement il doit payer pour timbre, enregistrement et transcription de son acte d'acquisition, un impôt de 6 1/2 p.0/0, soit 6,500 fr., et cet impôt ridiculement exagéré est-il perçu sur le revenu de ces immeubles? Non, car ce revenu sera tout au plus de 3 p.0/0, et il sera d'ailleurs atteint par la contribution foncière. Cet impôt est donc la confiscation d'une part, soit de la propriété du vendeur, soit du capital de l'acquéreur, selon que dans la fixation du prix ceux-ci auront ou n'auront pas tenu compte des exigences fiscales.

Tel autre citoyen achète de la rente sur l'Etat pour un pareil capital de 100,000 fr ; quel droit de mutation paie-t-il? Aucun. Il ne paiera même pas de contribution annuelle sur le revenu de 5,000 fr. au moins dont il jouira.

Ici ce n'est plus de l'improportionnalité, ce n'est plus même de la progressivité contre le pauvre; c'est la résurrection, au profit des créanciers de l'Etat, du privilège de la noblesse de l'ancien régime, sans le motif de ce privilège: l'obligation du service militaire gratuit.

Une succession s'ouvre; elle se compose en partie de meubles meublants qui ne produisent rien et qui, au contraire, coûtent de l'entretien, de tableaux, d'objets d'art, ne donnant également aucun revenu, et cependant ces valeurs improductives paient l'impôt de mutation par décès au même taux que les immeubles, que les rentes, que les créances.

Que penser de ces impôts dits indirects, qui frappent tous les objets nécessaires à la vie, sans avoir égard aux ressources du consommateur; notamment des impôts sur les boissons que la restauration avait promis de supprimer, et qui au contraire, ont été aggravés, surtout pour le pauvre, par les droits de détail? Chacun sait que les grands vins, les vins de Bordeaux, par exemple, dont le riche s'abreuve par goût ou par raison de santé, et qu'il achète en barrique du producteur, paient au fisc 5 ou 6 fois moins de droits que le petit bleu acheté par l'ouvrier, au litre, chez le débitant.

Et que dire des douanes, cet anachronisme, ce reste des institutions du moyen-âge? Si on les considère comme impôts, elles ont tous les vices des autres impôts; si on les considère comme protection pour l'industrie nationale, cette protection lui nuit plus qu'elle lui sert, car elle la maintient dans son état d'infériorité, les fabricants s'endormant sur ce doux oreiller, et ne songeant plus ni à perfectionner leur matériel, ni à former ou à se procurer de meilleurs ouvriers. Si les douanes enrichissent quelques industriels, si elles produisent quelques millions à notre trésor national, ce n'est, grâce aux représailles qu'elles provoquent, qu'au détriment de la masse immense des consommateurs de tous les pays pour qui elles rendent souvent inabordable le prix des objets nécessaires à la vie.

Les douanes doivent donc subir le sort de tous les impôts actuels, c'est-à-dire être supprimées.

Toutefois, dans la situation présente, il y a deux choses à faire: 1° Étudier attentivement la question de savoir si la sécurité de la France exige que l'on maintienne chez elle telle industrie dont l'absence, en cas de guerre, nous mettrait à la discrétion de l'étranger. Cette nécessité reconnue, ce qui devra être dépensé pour soutenir cette industrie sera classé au nombre des charges publiques et à ce titre inscrit au budget. Cette dépense consistera en une prime qui sera payée pour chaque nature et quantité de produits vendus, et qui sera calculée de manière à ramener le prix de revient de ces produits au chiffre du prix de revient des produits semblables que l'étranger livrera en France à la consommation française. Il va sans dire que cette prime ne sera accordée qu'aux fabricants dont les usines et les produits ne seront sous aucun rapport inférieurs aux usines et aux produits étrangers.

2° Rechercher quelles sont les causes de l'infériorité de nos industries comparées aux industries étrangères.

Si ces causes sont naturelles, c'est-à-dire si la matière première est moins abondante, moins bonne et coûte plus cher en France qu'à l'étranger, il faut abandonner à leur sort les industries qui la mettent en œuvre; il serait inique et absurde de condamner la masse des consommateurs à payer une marchandise nécessaire plus qu'elle ne vaut, pour faire la fortune ou favoriser la manie de quelques industriels. La France a assez de ressources pour ne pas envier certaines productions que la nature lui refuse ou ne lui accorde que d'une main avare, aux climats qui en sont plus libéralement dotés.

Si ces causes résident dans l'imperfection relative de la fabrication, il faut accorder aux fabricants le temps rigoureusement nécessaire pour qu'ils fassent cesser ces causes, et ce temps expiré, les abandonner à leurs propres forces en supprimant tous les droits protecteurs.

Vouloir qu'à tout prix l'industrie française fasse concurrence à l'industrie étrangère plus favorisée par la nature, c'est manifester une fois de plus cette folle prétention, si souvent et si durement châtiée, d'être sous tous les rapports la première nation du monde.

Je m'arrête dans cette triste revue que je pourrais continuer longtemps encore, car le sujet est presque inépuisable; je m'arrête pour ne pas fatiguer le lecteur qui, d'ailleurs, saura bien la compléter.

Disons en terminant que ce système d'impôts a eu pour effet de gêner les transactions et par suite d'en diminuer le nombre, qu'à ce point de vue il est impolitique. Il a eu un effet plus déplorable, il a porté une grave atteinte à la moralité publique: l'exagération des droits et leur assiette inégale ont poussé les citoyens à s'y soustraire par tous les moyens possibles. Les dissimulations, les fraudes sont devenues générales, à ce point que c'est aujourd'hui une chose admise que tromper le fisc n'engage pas la conscience : à corsaire, dit-on, corsaire et demi.

J'ai démontré, je crois, ce que j'ai avancé, à savoir que notre système fiscal est inconstitutionnel, inique, immoral et impolitique, et j'espère qu'on n'entendra plus d'hommes d'Etat, de ministres dire que, par cela seul qu'un impôt est ancien et se paie désormais sans résistance, il faut le maintenir, même lorsqu'il est inique, même lorsqu'il nuit à la multiplication des affaires, au développement de la richesse publique.

La conséquence de tout ce qui précède est que tous les impôts actuellement existants doivent être supprimés comme absolument contraires au principe du gouvernement actuel.

Mais l'Etat ne peut pas se passer de ressources financières, nos malheurs exigent même que ces ressources soient plus considérables et surtout qu'elles ne soient plus sujettes à diminuer énormément, à disparaître presque dans les temps de crises, c'est-à-dire lorsque l'Etat en a le plus besoin.

L'impôt unique sur le revenu peut seul satisfaire aux conditions suivantes, à savoir : être parfaitement équitable par sa proportionnalité rigoureuse ; atteindre tous les revenus, de quelque source qu'ils proviennent ; être d'une perception facile et n'entraînant ni inquisition, ni procès ; n'exiger qu'un nombre d'agents beaucoup moins considérable que celui qu'exige la perception des impôts actuels ; enfin procurer à l'Etat des ressources annuelles largement suffisantes et parfaitement assurées.

C'est ma conviction, et je vais tâcher de la faire partager par ceux mêmes qui, faute d'études spéciales et de méditation, sont aujourd'hui les plus hostiles à ce système.

12 mars 1871.

Pour pouvoir atteindre par la contribution proportionnelle et unique le revenu de chaque citoyen, il faut que l'État connaisse ce revenu

Je vais démontrer que rien n'est plus facile ; que sauf un document qui est des moins importants, d'ailleurs, et qu'il obtiendra sans la moindre difficulté, le gouvernement a déjà dans ses mains, ou aura par voie administrative tous ceux à ce nécesaire, et que, quand il le voudra, en quelques mois, il aura établi le revenu exact de chaque citoyen. Non-seulement sans inquisition vexatoire, sans investigations indiscrètes ou blessantes, mais même sans son concours et à son insu.

Quelles sont les sources de revenu pour un citoyen quelconque, riche ou pauvre ?

Mais d'abord que doit-on entendre par revenu ?

En la matière qui nous occupe, on doit entendre les fruits naturels ou industriels de la terre ;

Les intérêts des capitaux, les rentes perpétuelles ou viagères et les pensions ;

Tous les produits de l'industrie et du travail de l'homme.

Les sources de revenu sont donc :

1° Les immeubles ;

2° Les rentes, les pensions, les créances de toute nature sur l'État si elles produisent des intérêts, enfin les traitements, des fonctionnaires et des employés ;

3° Les créances sur particuliers résultant d'actes authentiques et de jugements ;

4° Les créances sur particuliers résultant de simples reconnaissances sous signatures privées;

5° Les actions et obligations des sociétés anonymes en commandite par actions, et des sociétés en nom collectif et en commandite par actions, quel que soit leur objet: chemins de fer, canaux, finances, industrie, commerce, etc., etc.

6° L'industrie et le commerce privé, avec ou sans sociétés, et les professions libérales libres, telles que celles d'ingénieur civil, d'architecte, de médecin, d'avocat, etc.;

7° Les offices en nombre limité et qui se transmettent moyennant finance, sous le contrôle de l'Etat, tels que ceux de notaire, avocat à la cour de cassation, avoué, greffier, commissaire-priseur, agents de change, etc.;

8° Les emplois salariés par les particuliers sous quelque dénomination que ce soit : clercs, agents, commis, serviteurs et autres ;

9° Le travail libre des ouvriers et journaliers ;

10° Les rentes et valeurs étrangères possédées par des Francais.

Ce sont là, je crois, toutes les sources des revenus. Toutefois, je me hâte de dire que je n'ai pas la prétention de créer, de premier jet, une œuvre parfaite. Que le gouvernement adopte mon idée, et il aura bientôt complété, s'il y a lieu, ma nomenclature.

Voyons maintenant comment l'Etat pourra connaître le revenu de chaque citoyen provenant des sources ci-dessus.

1° Les Immeubles.

J'ai sous les yeux *un avertissement pour l'acquit des contributions foncière et des portes et fenêtres de* 1870, et j'y lis : pour un revenu de 809,16, contribution : 181,54.

Voilà bien la contribution sur le revenu et qui se perçoit avec une facilité dont l'administration se félicite chaque année, mais qui ne l'éclaire pas.

Examinons toutefois si la proportionnalité qu'indiquent les mots: *Pour un revenu de tant, tant de contribution*, existe réellement.

Qu'est-ce que ce revenu de 809,16 qui est frappé d'une contribution de 22,43 p. 0/0?

C'est le revenu dit cadastral, c'est-à-dire celui qui est attribué à chaque immeuble dans l'état général des propriétés immobilières assises sur une commune. Or, ce revenu n'est pas le moins du monde le revenu vrai. Il a été établi sur la déclaration des contribuables qui, toujours en garde contre le fisc, leur éternel ennemi, se sont imaginés qu'ils paieraient d'autant moins d'impôt que le revenu qu'ils déclareraient serait plus abaissé : en sorte que les uns l'ont abaissé de moitié, d'autres d'un tiers, d'autres d'un quart, etc. Et la base de la contribution a été ainsi absolument viciée. L'administration a bien tenté à plusieurs reprises, par des travaux de péréquation, de trouver le revenu vrai, afin d'arriver à *un centime le franc unique* ; mais ses efforts ont été impuissants et le seront tant que les actes de mutation entre vifs seront entachés de dissimulation et de fraude; or, cette tache sera indélébile, tant que ces mutations seront frappées d'un droit d'enregistrement excessif, assis sur le prix et sur le revenu *déclarés* par le contribuable.

Que l'on supprime absolument les droits d'enregistrement en laissant subsister la formalité désormais gratuite et n'ayant plus d'autre objet que de décharger l'article du vendeur et de charger celui de l'acquéreur, et la vérité, la sincérité reparaîtront dans les actes de mutation, parce que les dissimulations, les fraudes n'offriront plus d'avantages immédiats aux contribuables, mais continueront à les exposer dans l'avenir à de graves inconvénients.

Si à cette suppression on ajoute l'obligation de l'enregistrement *gratuit*, et à très-bref délai, de tous les baux, il est certain qu'avant un petit nombre d'années l'administration aura tous les éléments nécessaires pour connaître le revenu vrai des immeubles, qu'alors la contribution assise sur ce revenu sera exactement proportionnelle, et qu'alors elle pourra refaire le cadastre qui, demeuré immobile depuis un demi-siècle au milieu de mutations et de transformations incessantes, n'exprime plus ni la division, ni la nature des cultures, ni les classes actuelles de la propriété, et cela au grand détriment de la contribution : tel fonds, cadastré comme parcours au revenu le plus minime, étant aujourd'hui un parc, un jardin ou une vigne de première classe.

Mais, si l'on continue la lecture de l'avertissement que j'ai sous les yeux, on y retrouve les agissements du fisc dans ce qu'ils ont de plus inique, de plus improportionnel.

Pour une porte cochère : 4,48 ; pour 51 portes et fenêtres : 48,91.

Les rues, les chemins font partie du domaine public ; c'est en réalité une propriété commune, indivise ; chacun a le droit de s'en servir tous les jours et à toute heure ; mais, si je fais, dans la clôture de ma propriété privée, une ouverture qui me permette d'user de ce droit, cette ouverture est frappée d'un impôt.

Dieu donne gratuitement à toutes ses créatures l'air et la lumière, mais le fisc qui n'est pas Dieu s'empare de ces deux choses qui ne lui appartiennent pas et les vend à celui qui les possède de droit divin ; et que la propriété bâtie soit située dans le quartier le plus vivant où les loyers sont les plus élevés, ou qu'elle le soit dans un quartier pauvre, désert, au fond d'une impasse et que, par suite, son produit soit des plus minimes, n'importe, l'impôt, le prix exigé sont les mêmes. Ici les faits parlent si haut que la critique la plus amère n'approcherait pas de l'énergie de leur langage.

En résumé, quant aux immeubles, la contribution sur le revenu n'est point à créer ; elle existe. Sa proportionnalité est encore imparfaite ; mais que l'on supprime l'absurde impôt des portes et fenêtres, l'excessif et impolitique impôt de l'enregistrement, que l'enregistrement des baux soit gratuit, mais obligatoire, et dans peu cette proportionnalité ne laissera rien à désirer.

15 mars 1871.

2° Les rentes, les pensions, les créances de toute nature sur l'Etat si elles produisent des intérêts, enfin les traitements des fonctionnaires et employés.

C'est l'Etat qui paye; il connaît donc ses créanciers, et il peut inscrire au compte de chacun d'eux cette part du revenu dont il jouit. Les titres au porteur ne présenteraient, même à cet égard, aucune difficulté; il suffirait de faire signer par le porteur, lors du paiement du dernier trimestre de chaque année, une quittance indiquant ses noms, prénoms, profession et domicile, et de le considérer comme ayant joui de la rente pendant l'année entière; il se ferait alors, quant à la contribution, ce qui se fait quant aux arrérages; dans la fixation du prix, il serait tenu compte du temps couru.

Ici surgit une objection:

En atteignant par la contribution proportionnelle et unique sur le revenu, les rentes, pensions et créances sur l'Etat, viole-t-on le contrat intervenu entre l'Etat et ses créanciers?

Non, par les trois raisons que je vais développer:

1° Nul ne contestera, je pense, qu'à travers tous les gouvernements qui se sont succédé depuis 1789, un principe a persisté et est encore aujourd'hui la base de notre état social, à savoir: l'égalité de tous les Français devant la loi et, comme conséquence nécessaire, l'abolition de tous les priviléges qui affranchissaient certaines classes de Français de la contribution aux charges de l'Etat.

La Constitution du 14 septembre 1791 a posé le principe de la contribution par tous les citoyens, sans exception, et proportionnellement à leurs facultés, aux charges de l'Etat, dans les termes suivants:

Titre 1er. Art. 2.—Toutes les contributions seront réparties entre tous les citoyens également, en proportion de leurs facultés.

Toutes les autres Constitutions ont depuis reproduit ce principe d'équité et de justice distributive; ainsi:

Acte constitutionnel du 24 juin 1793. Art. 101. — Nul citoyen n'est dispensé de l'honorable obligation de contribuer aux charges publiques.

3 fructidor, an III (22 août 1795). — Constitution de la République française, proclamée loi fondamentale de la République en vertu de l'acceptation du peuple, le Ier vendémiaire, an IV, art. 16. Toute contribution est établie pour l'utilité générale; elle doit être répartie entre les contribuables, en raison de leurs facultés.

14 juin 1814. — Charte constitutionnelle, art. 2. Les Français contribuent indistinctement, dans la proportion de leur fortune, aux charges de l'Etat.

24 août 1830. — Charte constitutionnelle, art. 2. Les Français contribuent indistinctement, dans la proportion de leur fortune, aux charges de l'Etat.

10 novembre 1848. — Constitution de la République française, art. 15. Tout impôt est établi pour l'utilité commune; chacun y contribue en proportion de ses facultés et de sa fortune.

22 janvier 1852. — Constitution faite en vertu du pouvoir délégué par le peuple à Louis-Napoléon Bonaparte par le vote des 20 et 21 décembre 1851. Titre 1er : La Constitution reconnaît, confirme et garantit les grands principes proclamés en 1789 et qui sont la base du droit public des Français.

Nul ne le contestera non plus que la Constitution ne peut être modifiée que par des mandataires spéciaux, nommés à cet effet par la nation et formant ce que l'on appelle une Assemblée constituante.

Il suit de là que les Assemblées législatives n'ont pas le droit de modifier la Constitution; que si les lois qu'elles font violent la Constitution, ces lois sont, par ce fait même, entachées d'une nullité substantielle et absolue que nulle exécution, nulle prescription ne peut couvrir.

En conséquence, et attendu que personne n'est censé ignorer la loi, surtout la loi constitutionnelle qui est claire et simple, ceux qui ont traité avec l'Etat, qui lui ont prêté leur argent sous cette condition inconstitutionnelle, substantiellement nulle, qu'ils ne supporteraient point de ce chef les charges publiques, ont parfaitement su qu'ils couraient la chance de voir un jour le traité modifié en ce point. Ils se sont mis sciemment dans le cas de prêteurs à intérêts usuraires qui n'ignorent point que, malgré toutes stipulations et malgré une longue exécution, leurs intérêts seront réduits si les conditions de leurs prêts sont soumises à l'appréciation des tribunaux. Le jour de la révision des traités intervenus entre l'Etat et ses prêteurs est arrivé, la chance à laquelle ils se sont soumis se réalise, ils n'ont nul droit de se plaindre.

2° En frappant les rentes, pensions et créances sur l'Etat de la contribution proportionnelle et unique sur le revenu, leur impose-t-on arbitrairement une charge sans compensation? Evidemment non, puisque l'établissement de la contribution sur le revenu a pour compensation la suppression de tous les impôts existants, tels que ceux du timbre et de l'enregistrement, ceux sur les mutations par décès, sur les marchandises et sur les objets de consommation, l'impôt personnel et mobilier, l'impôt des portes et fenêtres, etc., etc. Donc ils retiennent d'une main ce qu'ils donnent de l'autre ; de quoi peuvent-ils raisonnablement se plaindre ?

3° La France n'est pas aujourd'hui dans une situation normale.

Les dilapidations d'un gouvernement sans honnêteté, *dépensier et besoigneux*, ont en 20 ans doublé sa dette ancienne, et les désastres épouvantables qu'ont attirés sur elle la perfidie et l'ineptie de ce gouvernement, lui font perdre deux belles et riches provinces, réduisent ainsi ses ressources et en même temps doublent encore cette dette. En telle sorte que, liquidation faite, sa dette actuelle atteindra peut-être le chiffre monstrueux de 24 milliards. Il faut pourvoir au paiement des intérêts de ces 24 milliards. Il faut aussi créer un amortissement qui ne soit plus un vain mot, mais qui soit réel, efficace.

Les ressources pour le paiement des frais et de l'indemnité de guerre à payer aujourd'hui seront demandées à l'économie dans les dépenses, à la réalisation des valeurs de luxe, presqu'improductives, et dont l'expérience a démontré l'inutilité et même le danger, et surtout au crédit ; mais le paiement de l'intérêt et de l'amortissement de la dette ne peut être demandé qu'à la contribution annuelle. Si l'on persiste dans le système d'impôts en vigueur, auxquels de ces impôts fera-t-on produire les millions nécessaires, ou pour parler plus clairement, quelles classes de contribuables écrasera-t-on ? Les cultivateurs ? Ils succombent déjà sous le faix. Les propriétaires de maisons et bâtiments? Excepté à Paris et dans quelques grandes villes, ils ne trouvent dans cet emploi de leurs capitaux qu'un revenu incertain, variable et bien inférieur à celui qu'obtiennent sans travail, sans chance aucune, les créanciers de l'Etat qui ne paient rien. Augmentera-t-on les droits d'enregistrement? J'ai démontré l'iniquité et l'exagération de cet impôt. Surchargera-t-on les contributions indirectes? Les citoyens peu aisés, pauvres, sont mille fois plus nombreux et consomment individuellement plus que les riches. Ce sont donc ceux-là qui porteront la plus lourde part du fardeau. Et puis, vous verrez se produire partout et sur une plus grande échelle les dissimulations, le mensonge, la fraude, qui diminueront d'autant plus les produits de ces impôts qu'il y aura plus d'avantages à les pratiquer.

Quand tout le monde s'aide, personne ne se tue, dit un vieux proverbe. Que l'on s'adresse donc à tout le monde, que l'on demande à chacun une part proportionnelle de son revenu et personne ne sera écrasé, personne n'aura le droit de se plaindre.

Il y a plus : la matière imposable étant augmentée dans une très-large proportion, triplée peut-être, on peut affirmer que les charges de ceux qui paient aujourd'hui les impôts seront, pour quelques-uns, diminuées ; pour d'autres, les mêmes, et pour le surplus, très-légèrement accrues.

On dira qu'au moins à l'égard des étrangers, qui ne paient pas nos impôts et qui ne profiteront pas de leur suppression, la mesure en question sera inique. Oui, elle sera inique et ne devra par conséquent pas leur être appliquée s'ils ont traité particulièrement avec l'Etat, à la condition de ne pas payer d'impôt; mais si l'emprunt a été fait au moyen d'une souscription publique et si les étrangers ont souscrit purement et simplement, ils se sont, par ce fait, soumis à la loi française et n'ont plus droit à aucune immunité.

Le sujet que je traite a une si grande importance et une si urgente actualité que je crois devoir lui donner de nouveaux développements. C'est ce que je ferai dans un prochain article.

17 mars 1871.

En frappant la rente de la contribution sur le revenu, portera-t-on une atteinte fâcheuse au crédit de l'Etat?

Les faits ont depuis longtemps répondu négativement à cette question.

L'article 70, § 3, n° 3 de la loi du 22 frimaire an VII avait exempté la rente sur l'Etat de tout impôt Cet état de choses à subsisté jusqu'au 1er janvier 1837. Mais qu'arrivait-il? Quiconque voulait faire donation d'un capital songeait d'abord à se soustraire au droit d'enregistrement considérable dont cet acte eût été atteint. A cet effet, il achetait, la veille, avec ce capital, une rente sur l'Etat, faisait donation de cette rente que le donataire revendait le lendemain et échappait ainsi à l'impôt. Pour mettre un terme à cette fraude, on se hasarda à imposer, dans ce cas, la rente, et l'on édicta la loi du 18 juillet 1836, dont l'article 6 est ainsi conçu: *A compter du 1er janvier 1837, les donations entre vifs de rentes sur l'Etat ne seront exemptes du droit proportionnel d'enregistrement, en vertu du § 3, n° 3, de l'article 70 de la loi du 22 frimaire an VII qu'autant que l'inscription de la rente donnée existera sous le nom du donateur, ou de celui auquel il a succédé, depuis plus d'un an, et que l'acte de donation en indiquera le numéro, la date et le montant.* Le cours de la rente ainsi atteinte ne fléchit pas, et le crédit de l'Etat n'en fut pas ébranlé. Enhardi par ce succès, on se décida à assimiler complètement aux autres valeurs mobilières, quant à la perception de l'impôt, les donations entre vifs et les mutations par décès de rentes sur l'Etat. Intervint donc la loi du 18 maï 1850 qui porte, art. 6: *Les mutations par décès et les transmissions entre vifs à titre gratuit d'inscriptions sur le grand livre de la dette publique seront soumises aux droits établis pour les successions ou donations.* Depuis 1850, de nombreux emprunts ont été émis par le Gouvernement. L'entrain avec lequel ils ont tous été souscrits a surabondamment prouvé que l'impôt, dont la rente avait été frappée, n'avait porté aucune atteinte fâcheuse au crédit de l'Etat.

Chacun sait que la faveur dont jouissent auprès du public les valeurs de bourse est en raison de la confiance qu'elles inspirent, et nullement de l'élévation de leur produit. Combien de tentatives d'emprunts étrangers n'a-t-on pas vu échouer, malgré les intérêts élevés, les primes et les lots magnifiques qui y étaient attachés, tandis que nos bonnes valeurs, qui n'offrent point de semblables avantages, ont été souscrites en un jour et ont bientôt atteint des cours élevés. J'ai déjà cité comme exemple les obligations du chemin de fer de Paris à Lyon et à la Méditerranée qui, émises à 1,000 f. en 1859, produisant 50 f. par an, et étant remboursables à 1,250 fr., en 68 ans, ont atteint, avant la guerre, le prix de 1.140 f., et cela malgré l'impôt de 20 centimes par cent fr. de capital qu'ont payé celles qui sont nominatives, malgré l'impôt de 12 centimes aussi par cent fr. de capital que paient sémestriellement celles qui sont au porteur, et malgré le droit de mutation par décès qu'elles supportent.

En résumé, que la bonne administration de nos finances appelle la confiance; que surtout par l'action d'un amortissement efficace, on voie diminuer annuellement notre dette et que l'on puisse calculer l'époque précise où elle sera éteinte, et la contribution sur le revenu que les créanciers de l'Etat auront à supporter n'empêchera pas les capitalistes du monde entier de classer au nombre des meilleures valeurs notre rente et les autres titres à la charge de notre trésor national.

3°. Les créances sur particuliers résultant d'actes authentiques ou de jugements.

Tous les actes authentiques et les jugements sont aujourd'hui soumis à l'enregistrement. Cet enregistrement énonce les nom, prénoms, profession et domicile, et du créancier et du débiteur; il énonce également le chiffre de la dette de celui-ci et de la créance de celui-là en capital et en intérêts. Les actes authentiques et les jugements continueront à subir cette formalité; seulement elle sera désormais gratuite, mais elle n'en donnera pas moins à l'administration un moyen facile et certain de créditer le compte du premier et de débiter le compte du second, et, par suite, d'établir équitablement, à la charge de l'un et à la décharge de l'autre, la contribution proportionnelle sur le revenu constaté. Ici encore point d'inquisition, point de contrainte ; il ne sera besoin que d'une opération de comptabilité, que d'un travail de bureau.

4° Créances sur particuliers résultant de simples reconnaissances sous signatures privées.

L'article 1326 du Code civil est ainsi conçu : *Le billet ou la promesse sous-seing privé par lequel une seule partie s'engage envers l'autre à lui payer une somme d'argent ou une chose appréciable, doit être écrit en entier de la main de celui qui le souscrit ; ou du moins, il faut, qu'outre sa signature, il ait écrit de sa main un* bon *ou un* approuvé, *portant en toutes lettres la somme ou la qualité de la chose.*

Excepté dans le cas où l'acte émane de marchands, artisans, laboureurs, vignerons, gens de journées et de service.

Il suffirait de remplacer cet article par la disposition suivante:

Le billet ou la promesse sous-seing privé par lequel une seule partie s'engage envers l'autre à lui payer une somme d'argent ou une chose appréciable, doit être écrit en entier, daté et signé de la main de celui qui le souscrit et soumis à l'enregistrement dans la huitaine de sa date, à peine de ne donner aucune action en justice et de ne pouvoir être compris ou même énoncé dans aucun acte authentique, dans aucun jugement ou pièce de procédure et dans aucun compte de tutelle ou autre.

A ceux qui n'auront pas soumis, dans le délai prescrit, leur titre à la formalité de l'enregistrement et qui viendraient demander l'intervention des tribunaux et de la force publique pour contraindre leur débiteur à remplir son engagement, la loi répondra: la contribution a pour objet de faire face aux charges de l'Etat ; au nombre de ces charges sont : l'entretien de la magistrature et de la force armée ; vous n'avez pas voulu contribuer pour cette part de votre revenu à cette partie des charges de l'Etat, il n'y a pour vous, quant à cette part, ni tribunaux, ni force publique. Vous avez voulu courir la chance de la bonne ou de la mauvaise foi, de la bonne ou de la mauvaise fortune de votre débiteur ; cette chance tourne contre vous, ne vous en prenez qu'à vous-même.

Ainsi, point d'inquisition, point de coaction. Liberté absolue pour le créancier de ne pas payer, pour la valeur dont il s'agit, la contribution sur le revenu ; il a été prévenu des conséquences auxquelles son refus l'exposait, il s'y est soumis ; si elles sont fâcheuses pour lui, il ne saurait s'en prendre qu'à lui-même.

Dans l'état actuel des choses, à l'exception des ventes immobilières et des baux d'immeubles faits par actes sous signatures privées, qui doivent être enregistrés dans les trois mois, à peine de double droit, tous les autres actes, faits dans cette forme, peuvent n'être soumis à la formalité que quand il plaît à l'une ou à l'autre des parties, ou quand son intérêt l'exige. C'est là une de ces bizarreries, une de ces dispositions arbitraires que nulle raison sérieuse ne peut justifier, qui portent un grave préjudice à l'Etat et dont cependant fourmillent nos lois fiscales.

Il est évident, ce me semble, que le paiement facultatif des droits d'enregistrement ôte à ces droits leur nature d'impôts, et les transforme en un véritable salaire. On paie de cette manière la justice, la force publique, comme on paie son notaire, son avoué, son avocat, c'est-à-dire seulement quand on en a besoin, quand on requiert leur ministère, et cependant les tribunaux et la force publique sont et doivent être permanents, et leur entretien est l'une des charges de l'Etat auxquelles tous les citoyens doivent contribuer, parce que par leur permanence ils profitent même à ceux qui n'y ont pas recours. Combien d'hommes violents se feraient justice à eux-mêmes, combien de débiteurs ne paieraient pas, si les tribunaux et la force publique n'étaient pas toujours là pour contraindre ceux-ci à remplir leurs engagements, pour réprimer ou châtier les violences de ceux-là !

24 mars 1871.

L'obligation imposée au souscripteur d'un billet ou d'une promesse de les écrire en entier, de les dater et de les signer de sa main a ce double but : 1° d'en assurer l'enregistrement immédiat. Si le billet ou la promesse pouvait être écrit et daté par le créancier ou par un tiers, sa date serait souvent laissée en blanc au moment de sa souscription et remplie seulement lorsque l'enregistrement deviendrait nécessaire pour l'exercice des droits du créancier. La loi serait ainsi éludée ; mais le créancier ne s'exposera pas au refus par le débiteur de de dater son billet ou sa promesse, refus que ferait souvent celui-ci pour échapper aux poursuites dont il serait menacé.

2° D'empêcher la friponnerie. Ceux qui ont vieilli dans la pratique des affaires ont bien souvent entendu des débiteurs ne sachant ni lire ni écrire, mais ayant appris à tracer leur nom en caractères plus ou moins irréguliers, protester contre le contenu du billet ou de la promesse ainsi souscrit par eux. Quand le souscripteur ne saura ni lire ni écrire, il aura recours à un notaire, ce qui a déjà lieu quand il ne sait pas même signer son nom. La garantie qu'il trouvera dans l'intervention de ce fonctionnaire compensera largement la dépense qui en résultera, dépense qui sera minime si, les impôts de l'enregistrement et du timbre étant supprimés, elle se réduit à l'honoraire proportionnel et peu élevé du notaire.

Quelques créanciers sont dans l'usage de réunir au capital les intérêts à courir jusqu'à l'échéance du billet. Les intérêts ainsi capitalisés devront être déclarés au moment de l'enregistrement, sous peine pour le créancier, en cas de fraude, de perdre le bénéfice de la formalité, c'est-à-dire toute action contre le débiteur.

Qu'un délai soit accordé pour remplir la formalité de l'enregistrement sur les billets et sur les promesses aujourd'hui existants, et dans ce délai, l'administration aura dans les mains, sans inquisition, sans investigation, tous les renseignements sur cette nature de valeurs. L'intérêt du débiteur et celui du créancier lui en sont de sûrs garants.

On peut considérer, je crois, comme certain que, lorsque l'enregistrement sera gratuit, et lorsque l'omission de cette formalité ou la fraude entraînera pour le créancier la perte de toute action contre le débiteur, bien peu de créanciers s'exposeront à cette chance. Ajoutons que l'intérêt du débiteur assurera encore cet enregistrement, puisque sa dette étant inscrite à son passif, sa contribution sera diminuée d'autant.

Il reste à dire que tout ce qui précède ne s'applique point aux valeurs commerciales : telles que lettres de change, billets à ordre et autres, souscrits par un négociant au profit d'un négociant, et ayant pour cause des opérations de commerce. Ces valeurs rentrent par leur nature dans celles dont on s'occupera sous le n° 6, ci-après.

5° Les actions et les obligations des sociétés anonymes en commandite par action, et des sociétés en nom collectif et en commandite par actions, quel que soit leur objet, chemins de fer, canaux, industrie, commerce, finances, etc., etc.

Toutes ces sociétés doivent, avant de fonctionner, remettre à l'enregistrement leurs actes constitutifs ou modificatifs et l'état de leurs actionnaires. Chaque année, l'assemblée générale de ceux-ci arrête les comptes de la société activement et passivement, et procès-verbal en est dressé. Qu'une copie de ce procès-verbal soit remise à l'administration, que les associés en nom collectif ou les gérants lui remettent en même temps l'état nominatif des détenteurs de leurs titres, état qu'ils obtiendront en faisant signer les bordereaux de paiement du dernier semestre de l'année, et, sans qu'elle ait rien à demander aux actionnaires ou obligataires de ces sociétés, l'administration pourra inscrire au compte de chacun d'eux le revenu dont il jouira de ce chef.

6° L'industrie et le commerce privés, avec ou sans sociétés, et les professions libérales libres, telles que celles d'ingénieur civil, d'architecte, de médecin, d'avocat, etc.

Il semble, au premier coup d'œil, qu'il sera bien difficile de connaître les revenus du commerce et de l'industrie libre et des professions libérales de la nature de celles sus-indiquées sans leur imposer une sorte d'exercice, sans soumettre leurs opérations et leur comptabilité à un contrôle qui serait difficile sinon impossible, quant à quelques-uns, nuisible pour plusieurs, inquisitorial et vexatoire pour tous. Il n'en est rien cependant, et voici le moyen d'atteindre le but poursuivi en évitant tous ces inconvénients :

Il existe, sous le nom de patente, « un impôt qui a pour « but de faire contribuer aux charges publiques les indus« tries de toute nature, commerciales ou non, en prélevant « une portion, déterminée par la loi, sur les revenus et pro« duits présumés de cette industrie. L'industrie, dans l'accep« tion la plus large de ce mot, se distingue, comme élément « de la fortune privée, des immeubles et des capitaux mobi« liers ; il était donc juste de la frapper d'une contribution « spéciale. L'assemblée constituante de 1789, pénétrée de cet « esprit de justice et d'égalité qui a rendu ses travaux à jamais « recommandables, prononça la suppression de tous les droits « perçus sur le travail, et déclara qu'il serait libre à toute « personne de faire tel négoce ou d'exercer telle profession, « art ou métier, qu'elle trouvera bon, sous la condition de se « pourvoir d'une patente. » (*Dalloz*, v° patente).

Que l'on maintienne cette contribution sous la dénomination de contribution commerciale et industrielle, en modifiant, toutefois, le mode de sa répartition par le moyen que je vais indiquer et qui rendra cette répartition plus exactement proportionnelle entre les patentables, et le résultat cherché sera obtenu.

L'administration sait quel est le produit de la contribution perçue sous le nom de *patente* dans la France entière, dans chaque département, dans chaque canton et dans chaque commune. Qu'il soit procédé à cet égard comme à l'égard de la contribution foncière ; que le produit général soit fixé chaque année par l'Assemblée législative, et réparti par elle entre les départements ; que la somme à la charge de chaque département soit répartie entre les cantons par le Conseil général, et entre les patentables par une Commission nommée par eux, qui entendra leurs réclamations, et qui, après examen, statuera, puis transmettra le résultat de son travail au directeur départemental de la contribution sur les revenus.

On peut considérer comme certain que par ce procédé on

arrivera à ce double résultat: d'obtenir du commerce et de l'industrie libres et des professions libérales libres toute leur part contributoire aux charges de l'Etat, car l'administration a dans les mains toutes les statistiques et tous les documents propres à l'éclairer sur leur produit général, et d'arriver à une exacte proportionnalité dans la répartition de cette part entre tous les contribuables de cette catégorie, puisque cette répartition sera faite entre les contribuables par des mandataires choisis par eux et sous le contrôle de ceux-ci.

Ce système fonctionne déjà d'ailleurs dans d'autres pays, à Francfort-sur le-Mein entr'autres, et n'y soulève aucune difficulté.

26 mars 1871.

7° Les offices en nombre limité et qui se transmettent moyennant finance, sous le contrôle de l'Etat, tels que ceux des notaires, avocats à la cour de cassation, avoués, greffiers, commissaires-priseurs, huissiers, etc.

Jusqu'à la loi du 15-22 mai 1850, un grand nombre de professions, dites libérales, ne contribuaient pas aux charges publiques. L'article 16 de cette loi les a assujetties à la patente.

C'était justice de les placer sous le principe général et absolu de la contribution par tous les citoyens aux charges de l'Etat, dans la proportion de leurs facultés; mais l'application qu'on a faite de ce principe n'a pas été en tous points intelligente, équitable et même convenable. Ainsi, on a patenté des professions auxquelles les opérations industrielles et commerciales sont sévèrement défendues; il eut été plus logique et plus convenable de faire pour ces professions une catégorie spéciale sous la dénomination de : *Impôt professionnel.* On a frappé du même droit fixe tous les individus exerçant la même profession, quoiqu'on sût bien que tous n'en tiraient pas les mêmes bénéfices; on a pris pour base du droit professionnel la valeur locative des lieux occupés par le patenté, et cependant on savait bien que le modeste logement du célibataire ne pouvait pas suffire au chef d'une nombreuse famille. Le sur-intendant Pontchartrain n'aurait pas fait autrement.

La contribution commerciale et industrielle ne doit être appliquée qu'aux professions libérales libres ; quant aux offices dont le nombre est limité et qui se transmettent moyennant finance, sous le contrôle de l'Etat, comme l'Etat connaît leur produit vrai, c'est ce produit qui doit être atteint par la contribution. Voici le moyen fort simple à employer : à chaque mutation, le titulaire sortant doit remettre à l'administration un état détaillé et contrôlé de ses produits pendant les dernières années de son exercice. C'est sur la moyenne de ces produits que l'administration se base pour approuver ou critiquer le prix porté au traité de la transmission qui est soumis à l'enregistrement. Cette moyenne exprime donc le produit vrai de l'office ; qu'elle soit la base de la contribution du nouveau titulaire pendant tout son exercice. Toutefois, comme tant vaut l'homme tant vaut la chose, il faut prévoir que le successeur fera plus ou moins que son prédécesseur. Ici encore qu'on laisse les contribuables d'une circonscription faire entre eux la répartition de leur contribution totale. Exemple : les notaires d'un arrondissement seraient taxés collectivement sur le total de leurs produits, et la répartition entr'eux de ce total serait faite par leur chambre de discipline, qui la transmettrait au directeur départemental de la contribution. On maintiendra ainsi la proportionnalité, sans perte pour le trésor ; car de ce qu'un notaire fait plus ou moins, il ne s'en suit pas que la somme des affaires dans l'arrondissement soit modifiée.

8. — Les emplois salariés par les particuliers, sous quelque dénomination que ce soit : clercs, agents, commis, serviteurs et autres.

Pour asseoir sur ces salaires la contribution proportionnelle, il suffira d'une double déclaration faite par le patron ou maître et par l'employé, et remise dans la huitaine au maire de la commune qui la fera parvenir à la direction de la contribution, déclaration dans laquelle l'un et l'autre certifieront le chiffre et la nature du salaire, et le jour où il a commencé à courir.

Le jour où il prendra fin sera porté dans la même forme à la connaissance de la direction.

Ces salaires seront considérés comme frais généraux d'exploitation ou d'administration, et déduits du revenu du maître ou du patron. L'équité le veut ainsi ; car, si nul revenu ne doit être exempt de la contribution proportionnelle, d'un autre côté nul ne doit être atteint deux fois, ce qui aurait lieu si cette part du revenu du maître ou patron contribuait et par les mains de celui-ci et par les mains de son employé.

C'est le seul cas où l'administration aura à s'adresser directement aux contribuables.

Du reste, la déclaration sera acceptée sans contrôle. Il faut que la contribution ne soit plus considérée comme un tribut, comme une rançon, il faut arriver à ce résultat: que chacun s'honore de contribuer aux dépenses publiques, et pour cela il fut mettre en jeu le sentiment de l'honneur. Ainsi, en cas d'omission ou de fraude, pas d'autre pénalité que la privation de toute action en justice.

9. — Le travail libre des ouvriers et journaliers.

L'obligation pour tous les citoyens sans exception de contribuer aux charges de l'Etat dans la proportion de leurs facultés, est formulée dans les termes suivants par l'acte constitutionnel du 24 juin 1793: *Nul citoyen n'est dispensé de l'honorable obligation de contribuer aux charges publiques.* Ne serait-ce pas, en effet, faire injure à l'ouvrier libre, au journalier, que de refuser leur obole? Ne serait-ce pas leur enlever, en quelque sorte, la qualité d'électeur? Quelle serait, en effet, leur position au milieu de leurs concitoyens, quand il s'agirait d'élire les mandataires chargés de surveiller l'emploi des deniers destinés à faire face aux dépenses publiques, si l'on pouvait leur dire : de ces deniers, vous n'avez pas fourni cinq centimes; que vous importe l'emploi qui en sera fait! S'ils n'ont pour revenu que le produit de leur travail de chaque jour, ils n'en sont pas moins citoyens au même titre que les plus riches, leurs votes ont le même poids que les votes de ces derniers, ils ont les mêmes droits civils et politiques qu'eux, ils doivent donc tenir à honneur de fournir comme eux leur quote part des charges publiques.

« En 1693 la détresse de l'Etat causée par les folles prodigalités et par les guerres incessantes de Louis XIV croissait, malgré les expédients ou plutôt à cause des expédients employés par son ministre Pontchartrain. *A bout de mauvaises ressources, le gouvernement se trouva enfin forcé d'en venir aux bonnes et aux justes.* l'Intendant du Languedoc fit proposer par les Etats de cette province l'établissement d'une *capitation sur tous les sujets du roi, par feux et familles, de quelque condition qu'ils fussent.* — C'était une première application de l'impôt général sur les revenus, application imparfaite sans doute, mais qui était tout ce qu'elle pouvait être alors. – Pontchartrain, qui n'avait pas hésité à bouleverser les transactions par les changements des monnaies, et à jeter sur la France des milliers de fonctionnaires parasites, hésita fort devant une mesure qui froissait des intérêts et des préjugés puissants. Il se décida enfin. *Toute la population fut divisée en 22 classes, depuis le Dauphin jusqu'aux paysans et aux artisans. Les valets seuls étaient exempts. Les domestiques de Paris, humiliés d'être en quelque sorte exclus du nombre des Français, réclamèrent le droit d'être compris dans la capitation* (Henri Martin).

Qui donc oserait dire que les ouvriers et journaliers d'à présent ont moins de fierté, moins de patriotisme que n'en avaient les domestiques de Paris en 1693?

Le gouvernement républicain aura-t-il moins de génie administratif que l'intendant du Languedoc Basville? Aurait-il moins le sentiment de l'équité, de la justice distributive que le peu scrupuleux Pontchartrain?

Mais comment appliquer aux ouvriers libres et aux journaliers la contribution proportionnelle?

En voici le moyen simple et pratique :

Dans chaque commune, le conseil municipal dressera chaque année un état de tous les ouvriers libres et de tous les journaliers y ayant leur domicile. Cet état sera divisé en catégories, et la moyenne du salaire journalier sera déterminée pour chaque catégorie.

Il est évident que le revenu de l'ouvrier libre, du journalier n'arrive pas avec la même continuité que le revenu du propriétaire, du rentier et des autres contribuables dont j'ai parlé précédemment. Il est interrompu par les dimanches et autres jours fériés, quelquefois par les intempéries des saisons, quelquefois encore par la maladie. Il devra être tenu compte convenablement, largement même, de ces interruptions dans la fixation du revenu annuel imposable qui sera également déterminé par le conseil municipal.

L'état ainsi dressé sera certifié par le conseil municipal et envoyé par le maire à la direction de la contribution mobilière à l'époque qui sera indiquée par la loi

10. — Les rentes et les valeurs étrangères.

Qu'elles ne soient cotées à la bourse et admises sur le marché qu'à la condition que des maisons de banque désignées seront chargées d'en payer les arrérages, intérêts et dividendes, et fourniront à l'administration l'état nominatif et détaillé des recevants, comme cela sera fait pour les rentes et valeurs françaises, et pas une de ces rentes ou valeurs n'échappera à la contribution ; car ceux qui, pour s'y soustraire, toucheraient à l'étranger, paieraient pour frais de commission et port de pièces et d'argent presque l'équivalent de la contribution et auraient en plus le retard et les chances de perte.

Je crois avoir démontré d'une part que la contribution proportionnelle et unique sur le revenu est la seule qui soit constitutionnelle, équitable, morale et politique, c'est-à-dire républicaine dans la meilleure et la plus large acception de ce mot, et d'autre part que son application à tous les revenus, de quelque source qu'ils proviennent, peut se faire facilement ; enfin que, comme je l'ai dit en commençant, le gouvernement établira quand il le voudra le grand livre du revenu de chaque citoyen, et cela sans inquisition vexatoire, sans investigations indiscrètes ou blessantes, et même sans avoir besoin du concours des contribuables, et que quelques mois suffiront à ce travail.

Il se produira sans doute encore pendant quelque temps et par l'effet de l'habitude prise, des dissimulations et des fraudes;

mais cette habitude cessera promptement, parce que les dissimulations et les fraudes auront des inconvénients beaucoup plus redoutables que ceux qu'elles ont aujourd'hui : la privation de l'action en justice, c'est-à-dire souvent la perte du capital au lieu d'une simple amende, et n'offriront plus que des avantages insignifiants ; ainsi, par exemple, une dissimulation de 1000 francs dans une vente fait aujourd'hui pour l'acquéreur une économie de plus de 60 fr. ; avec la contribution sur le revenu, l'économie sera nulle. Si cette contribution est de 5 p. 0/0, celui qui ne fera pas enregistrer un billet de 1000 fr. produisant 50 fr. d'intérêts, bénéficiera de 2 fr. 50 seulement, et non pas au détriment du fisc, mais au détriment de son débiteur, qui pourra lui faire payer fort cher ce bénéfice. On peut donc considérer comme certain que les dissimulations et les fraudes ne tarderont pas à disparaître.

Dans tous les cas — et c'est là une notable supériorité que la contribution sur le revenu a sur les impôts actuels — ces dissimulations et ces fraudes cessent d'intéresser le fisc. Que lui importe, en effet, que le revenu général soit d'un milliard de plus ou d'un milliard de moins ? Le numérateur de la fraction qui exprimera le rapport de ce revenu avec le total du budget des dépenses sera plus ou moins élevé, voilà tout ; les recettes du Trésor n'en seront pas atteintes. Dès lors, plus de contrôleurs, plus de vérificateurs, plus d'inspecteurs et plus de ces fâcheux procès du fisc contre les particuliers. Les fraudeurs ne seront plus justiciables que de l'opinion de leurs concitoyens ; ils seront notés d'improbité et la morale publique se relèvera.

Inutile de dire que l'organisation de la perception de la contribution proportionnelle et unique sur tous les revenus sera beaucoup plus simple que celle des impôts actuellement existants, et surtout n'exigera pas, comme ceux-ci, cette légion d'employés, cette paperasserie gigantesque, ces formes tracassières, inquisitoriales, blessantes, qui froissent le contribuable plus encore que l'impôt lui-même. Si le lecteur a suivi avec attention les développements qui précèdent, il aura compris que la constatation du revenu imposable se fera toujours sur pièces authentiques, incontestables et sans qu'il soit besoin pour cela du concours du contribuable. Celui-ci aura, bien entendu, le droit de contrôler le revenu qui aura été inscrit à son compte, et de faire rectifier les erreurs qui auraient été commises à son préjudice ; mais cette rectification ne devant résulter que de la constatation de faits et jamais de la solution de questions de droit, ardues, spécieuses, subtiles, ne donnera plus lieu à ce nombre considérable de procès irritants, dont la solution par les tribunaux varie incessamment. D'ailleurs l'Etat sera toujours désintéressé dans la question, car la valeur, source du revenu, étant une chose matérielle, palpable, indiscutable quant à son existence, la seule question à vider sera celle de savoir si cette valeur appartient à telle personne ou à telle autre ; ce sera donc à ces personnes à se mettre d'accord entr'elles. Enfin, les employés de la direction de la contribution n'auront pas, au milieu de leurs concitoyens, la position pénible des agents du fisc actuel que l'on redoute, et, avec lesquels beaucoup de gens n'aiment pas à s'entretenir, dans la crainte de donner prise, par quelques paroles irréfléchies, à des exigences imprévues ou auxquelles ils veulent se soustraire.

L'art. 102 du C. c. déclare que « le domicile de tout Français, quant à l'exercice de ses droits civils, est au lieu où il a son principal établissement, » c'est-à-dire, où, jouissant de ses droits, il a établi sa demeure, le centre de ses affaires, le siége de sa fortune, d'où il ne s'éloigne qu'avec le désir et l'espoir d'y revenir dès que la cause de son absence aura cessé.

Que l'on transforme *les directions départementales des contributions directes en direction de la Contribution* ; qu'on y établisse un grand-livre où chaque contribuable domicilié dans le département ait, par doit et avoir, le compte de tous ses revenus et où, à cet effet, tous les renseignements nécessaires à l'établissement de ce compte soient envoyés, au jour fixé, par les autres directions quant à la contribution foncière et à la contribution commerciale et industrielle, par le trésor central et les trésoriers-payeurs, par l'enregistrement, par les maires et par l'administration centrale, et ce compte se trouvera fait.

Une fois le chiffre du revenu de chaque contribuable connu, rien ne sera plus facile que de fixer celui de sa contribution. Ainsi, M. A... jouit d'un revenu total net de 1,000 francs ; les dépenses générales de l'État ayant été fixées par l'Assemblée nationale à.... et le revenu général s'élevant à.... la contribution de M. A... est de la somme de....

Avertissement en sera remis audit contribuable, qui aura trois mois pour faire ses réclamations.

Quant au système actuel de perception, il est urgent de le modifier. Qui donc paie ses contributions par douzième? Que le contribuable soit averti qu'il devra les payer à la mairie de sa commune, par quart, de trois en trois mois et d'avance, à des jours indiqués.

En Angleterre, c'est la Banque qui fait le recouvrement de presque tous les impôts; pourquoi n'en serait-il pas de même en France? La Banque de France, qui est en réalité aujourd'hui une annexe du Trésor public, ne reçoit-elle pas déjà des trésoriers généraux la majeure partie du produit des impôts? N'est-elle pas déjà en compte avec le Trésor national? Tous nos impôts actuels, si nombreux et d'une perception si compliquée, faisant place à une contribution unique et d'un chiffre fixé pour chaque année et pour chaque contribuable, où serait la difficulté d'en faire opérer le recouvrement par la banque directement, sans la faire passer par tant de mains où il en reste au moins un dixième? Nous avons le plus grand besoin de faire des économies, et il y en a là une de deux cent millions à réaliser chaque année.

29 mars 1871.

En résumé: la contribution proportionelle et unique sur le revenu est depuis 1791 le seul impôt constitutionnel.

Elle est le seul impôt équitable, parce qu'elle atteint tous les citoyens sans exception et ne les grève que proportionnellement à leurs facultés.

Elle est le seul impôt moral, parce que, loin de pousser à la fraude, elle la rend impossible en la rendant inutile.

Elle est le seul impôt politique parce qu'elle laisse aux citoyens la plus entière liberté pour le développement de leur activité intellectuelle et commerciale; parce qu'avec elle cesse absolument cette guerre incessante du fisc contre les particuliers, l'intervention de ses agents dans toutes leurs affaires avec ces procédés inquisitoriaux, vexatoires, qui froissent et irritent plus que l'impôt lui-même.

Mais ce ne sont pas là ses seuls avantages; elle en a beaucoup d'autres encore, et des plus considérables. Je vais en indiquer quelques-uns:

La contribution proportionnelle et unique sur le revenu, par la certitude de son rendement, a sur cette multitude d'impôts qui frappent tous les objets de consommation, tous les actes de la vie civile et toutes les matières premières ou fabriquées sur lesquelles opèrent le commerce et l'industrie, cet avantage, aujourd'hui facile à apprécier, qu'elle assure au Trésor des recettes certaines en tout temps et en toutes circonstances.

Cette certitude tient à ce que les revenus contribuables des immeubles, du commerce et de l'industrie, des professions libérales libres et des offices sont évalués non pas annuellement, mais périodiquement et sur une moyenne de plusieurs années, en sorte que le rendement ne subit pas l'effet des sinistres naturels et des catastrophes politiques, les années paisibles et prospères étant considérées comme la compensation des années agitées et calamiteuses, et à ce que les autres revenus atteints par la contribution sont ceux de l'épargne réalisée et consolidée en rentes et créances, laquelle peut bien être arrêtée dans son accroissement par des catastrophes telles que celles que nous venons de subir, mais non pas subitement anéantie, ainsi que vient de le prouver l'offre de quatre milliards par laquelle la France vient de répondre à la demande de deux milliards que lui avait fait son gouvernement; d'où l'on peut conclure que le déficit des recettes du trésor pour 1870 et 1871, évalué par le ministre des finances à 1,631,647,000 fr., n'aurait pas existé sous le régime de la contribution proportionnelle et unique sur le revenu.

Outre les déficits, notre système d'impôt offre dans les temps de crise des résultats qui ont l'air d'un sarcasme. Ainsi, après la révolution du 24 février 1848, la valeur vénale de la propriété a baissé de 33 p. 0/0, des expropriations et des ventes nombreuses et considérables ont eu lieu alors; le moment était favorable pour les dissimulations et les fraudes, et elles n'ont pas manqué. Le Trésor a donc perdu au moins la moitié des droits de mutation qu'il avait à percevoir sur ces expropriations et ces ventes, et comme la valeur de la propriété n'a pas tardé à se relever, les acquéreurs ont eu le double bénéfice de la perte faite par le Trésor et de la plus value de leurs acquisitions. Avec l'impôt proportionnel et unique sur le revenu, le Trésor n'eût rien perdu, et on n'aurait pas été obligé de recourir à l'impôt des 45 centimes qui ne l'a pas indemnisé et qui a singulièrement nui à la République.

Un autre avantage de la contribution proportionnelle assise sur le revenu, c'est son élasticité. Dans les circonstances extraordinaires où nous nous trouvons, au lieu de s'évertuer à trouver de nouvelles matières imposables et de jeter ainsi l'inquiétude dans toutes les branches de l'industrie et du commerce, sans avoir même la certitude d'obtenir le résultat désiré, il eût suffi d'augmenter le numérateur de la fraction exprimant la contribution, et les ressources demandées se trouvaient obtenues, non pas problématiquement, mais certainement, et, grâce à la proportionnalité, la charge eût été légère pour tous et non pas écrasante, ruineuse pour quelques-uns. Ainsi, si le chiffre de la contribution était l'année dernière de 5 p. 0/0 et devait être porté cette année à 8 p. 0/0, celui qui jouit de 10,000 fr. de revenus et qui payait en 1870 une contribution de 500 fr., paierait en 1871, 800 fr. ; celui qui ne jouit que d'un revenu de 1,000 fr. et qui payait une contribution de 50 fr., paierait 80 fr., et ce jusqu'à ce que les charges publiques rentrées dans leur état normal permissent de réduire la contribution à l'ancienne fraction de 5 p. 0/0.

Les améliorations que produira dans toute notre organisation civile l'adoption de la contribution proportionnelle et unique sur le revenu, se développeront avec le temps nombreuses et considérables :

1° Il n'y a pas un seul établissement industriel de quelque importance, pas une grande société commerciale ou financière qui n'ait un fonds de réserve destiné à faire face aux sinistres, aux éventualités fâcheuses dont rien dans ce monde n'est à l'abri. Pourquoi la société politique n'aurait-elle pas aussi son fonds de réserve ? Avec nos impôts actuels, c'est chose impossible, parce que leur rendement est aussi variable, aussi incertain que les évènements auxquels il est soumis. et qu'un budget se soldant, en fin de comptes, par un excédant, est la merveille la plus rare; mais avec la contribution proportionnelle et unique sur le revenu, c'est chose facile, parce que son rendement est certain, les évènements n'ayant sur lui aucune influence. Il s'agirait seulement de demander annuellement à cette contribution une somme spéciale pour former ce fonds de réserve, cent millions par exemple, que l'on obtiendra en l'augmentant de 35 ou 40 centimes au plus; le placement de ces cent millions pourrait se faire en valeurs étrangères sûres et toujours réalisables. Si les finances de la France avaient été ainsi organisées, on n'aurait pas été obligé d'emprunter des milliards à plus de 6 p. 0/0, et de surcharger pour de longues années nos impôts déjà si lourds; mais amortir notre dette dans un espace de temps relativement court, et en même temps créer un fonds de réserve, le tout sans écraser les contribuables, sans jeter la perturbation dans le commerce et l'industrie, c'est une idée que repousseront nos grands financiers qui semblent n'admettre d'amortissement que par la banqueroute.

2° Les amendes auxquelles donnent lieu les délits et les contraventions, quelquefois sont fixes, et quelquefois ont un minimum et un maximum. Dans le premier cas, elles sont trop lourdes pour le pauvre et trop légères pour le riche; dans le second cas, abandonnées à l'appréciation du juge, leur taux varie selon que le juge est plus ou moins sévère. Avec la contribution proportionnelle sur le revenu, ce double inconvénient peut cesser. Il suffirait pour cela que la loi fixât l'amende à tant pour cent du revenu du délinquant. Supposons que le tant pour cent soit, pour tel délit, 1 p. 0/0; le délinquant qui a 10,000 fr. de revenu paiera 100 fr., et celui qui n'a que 1,000 fr. de revenu paiera 10 fr. N'est-ce pas plus équitable que de les condamner l'un et l'autre à 50 fr.

3° Un des bienfaits de la substitution de la contribution proportionnelle et unique sur le revenu à tous les impôts existants sera la réduction, dans une énorme proportion, de cette légion de fonctionnaires et d'employés qui, sans être pour la plupart suffisamment rétribués, cependant, à raison de leur grand nombre, surchargent outre mesure le budget, la quantité de travail obtenu et sa célérité étant d'ailleurs plutôt en raison inverse qu'en raison directe de leur nombre et de leur dépense. La monarchie a multiplié à plaisir les fonctionnaires et les employés. Elle n'en créait pas selon les besoins du service, mais elle créait des services pour y caser des employés nouveaux. Il lui fallait des dévouements aveuglés, des votes sur lesquels elle pût toujours compter. La République n'a que faire de ces dévouements ; il ne lui faut que des votes libres et consciencieux, parce que ceux-là seuls forment un point d'appui solide. Cette masse effroyable de fonctionnaires et d'employés a été jusqu'à ce jour le plus insurmontable obstacle aux réformes et aux améliorations.

Combien de fois n'a-t-on pas vu des hommes intelligents et énergiques arriver au pouvoir avec la volonté de corriger des abus qu'ils avaient signalés, et cependant laisser subsister ces abus et même les défendre? Est-ce que leur opinion avait changé? Est-ce qu'ils avaient reconnu que ce qu'ils avaient blâmé, loin d'être des abus, étaient des choses bonnes et utiles? Non, non; mais leur volonté avait plié, et leur énergie s'était brisée contre la résistance muette, la force d'inertie de la bureaucratie, caste routinière et paresseuse, qui ne se préoccupe que de ses chances d'avancement et du chiffre de sa retraite.

Il faut à tout prix modifier profondément cet état de choses. Aujourd'hui tout est possible, parce nous sommes en révolution; si on laisse fuir l'occasion, le mal deviendra incurable! Pourquoi les ministres n'imitent-ils pas les industriels, les négociants? Les employés de l'administration travaillent de 8 à 9 heures par jour et observent religieusement les dimanches et les fêtes ; ceux du commerce travaillent de 12 à 15 heures par jour et souvent une partie du dimanche. Ceux-ci sont payés en raison de leur travail et arrivent souvent à être associés aux bénéfices de l'établissement; ceux-là sont payés suivant leur grade et sans égard à leur travail. Pourquoi ces différences? Serait-il donc impossible d'étendre aux employés de l'administration le système de rémunération appliqué aux conseillers référendaires près la cour des comptes, système rationnel, moral, qui est un stimulant pour l'intelligence? Ces conseillers ont un traitement fixe de 2,400 fr., puis leurs travaux leur sont payés d'après un tarif, enfin une somme mise annuellement à la disposition du premier président leur est par lui distribuée à titre de gratification, suivant l'importance et le mérite de leurs travaux ; l'un d'eux homme laborieux et instruit, m'a assuré qu'il avait pu par là élever son traitement jusqu'à près de 8,000 fr.

Dans tous les cas, la réduction qui s'opèrera dans le nombre des fonctionnaires et employés ne doit point avoir le caractère d'une mesure d'économie immédiate. Il y a là des droits acquis que l'on doit respecter et dans le présent et dans l'avenir, sans pour cela retarder d'un jour la suppression des abus.

Que l'on élimine immédiatement et sans exception les hommes qui ont été les agents actifs et largement intéressés de l'Empire, les complices de ces méfaits, il ne doit pas y avoir sur ce point un moment d'hésitation. Ces hommes n'étaient ni fonctionnaires ni employés ; ils étaient les associés du grand spéculateur du 2 décembre, ils doivent tomber avec lui. Plusieurs se sont fait justice à eux-mêmes. Chacun sait qu'ils ne sont pas à plaindre ; mais il en reste encore en place un grand nombre. Les y laisser, c'est une imprudence qui peut coûter fort cher. Ces hommes ne peuvent pas être convertis ; à la première occasion favorable, ils trahiront. Que le gouvernement y prenne garde!

Mais quant aux véritables fonctionnaires et employés, quant à ces hommes qui, sous la protection des lois et des règlements, et sous la garantie de la foi publique, sont entrés dans la carrière de l'administration et ont consacré à l'Etat leur temps et leur intelligence, ils ont des droits acquis indiscutables ; ces droits sont une propriété non moins inviolable que toutes les autres, et l'Etat doit leur conserver dans le présent tous les avantages dont ils jouissent et leur assurer dans l'avenir tous ceux dont ils auraient joui, par exemple : Les contributions indirectes sont supprimées ; partant tous les employés de cette administration se trouvent sans occupation. N'importe : ils touchent leur traitement, ils ont droit à l'avancement et à la retraite comme si les contributions indirectes étaient maintenues. Seulement ils restent à la disposition de l'administration qui peut les rappeler à l'activité, dans des conditions analogues à celles où ils se trouvaient, mais sans diminution de tous leurs avantages pécuniaires. Toutefois ceux à qui il ne conviendrait pas de rester dans l'attente et l'inaction et qui voudraient se créer d'autres occupations, pourront perdre leurs droits en totalité ou en partie ; ils seront censés y avoir renoncé définitivement, s'ils refusent de se rendre à l'appel de l'administration dans les conditions que je viens d'énoncer. Pour être libre, il faut être juste. L'injustice est la tyrannie du fort sur le faible, et cette tyrannie est lâche et odieuse, quand le fort c'est presque tout le monde, et le faible, un seul ou le très-petit nombre. En agissant comme je viens de le dire à l'égard des employés des administrations supprimées, la République ne fera que lentement l'économie de leurs traitements, mais elle aura fait un acte de justice dont elle recueillera ce double et considérable avantage : elle se conciliera tous ces employés qui, brutalement jetés sur le pavé, lui deviendraient hostiles et lui feraient des ennemis de tous leurs parents ; elle fera cesser cette manie de fonctionnarisme qui tue l'esprit d'indépendance, l'activité individuelle, et arrache à l'agriculture, à l'industrie et au commerce qui auraient stimulé leur émulation et développé leur intelligence, une foule de jeunes hommes qui vont s'engourdir et s'atrophier dans le travail mécanique et l'atmosphère énervant d'un bureau.

30 août 1871.

Que si l'on dit — et on le dira certainement, car c'est l'argument banal par lequel on repousse tout progrès, toute amélioration réalisée par nos voisins, — que ce système de la contribution proportionnelle sur le revenu qui fonctionne si bien en Angleterre et en Allemagne, ne pourrait pas être pratiqué en France, parce que notre caractère, nos mœurs, nos habitudes diffèrent du caractère, des mœurs et des habitudes des Anglais et des Allemands, je répondrai d'abord qu'une négation n'est pas une raison ; puis, que notre histoire toute entière proteste contre cette négation. Y a-t-il au monde un peuple qui se prête avec moins de résistance que nous aux expérimentations, et qui subisse avec plus de résignation les entraves administratives et les exigences fiscales ? En 1848, une poignée d'hommes renverse le gouvernement monarchique et proclame la République. Le peuple s'y soumet sans enthousiasme, mais sans résistance, paie sur l'ordre de cette poignée d'hommes un supplément d'impôt de 45 centimes par franc, nomme des députés républicains, et attend patiemment pendant quatre longues années de misère et de souffrances la réalisation des magnifiques promesses qu'on lui a faites. Le 2 décembre 1851, un homme s'empare du pouvoir absolu; le peuple accepte cet homme dans l'espérance qu'il lui donnera la paix, l'ordre et l'économie dans les dépenses publiques. On sait ce qu'a valu cette parole : *l'empire c'est la paix*. On sait comment nos finances ont été gérées, et cependant vingt-deux années durant, il soutient cet homme, malgré ses guerres incessantes et ses dilapidations. Le 4 septembre 1870, la minorité des représentants de ce peuple chasse la majorité, proclame à nouveau la République et décrète la guerre à outrance, le tout sans daigner consulter la nation ; et ce peuple courbe la tête et prodigue son or et son sang ; enfin ne subit-il pas depuis de longues années, avec une admirable résignation, tous ces impôts dont la perception ne se fait qu'au moyen d'incessantes visites domiciliaires et qu'en portant un regard investigateur dans ses titres et papiers domestiques? Et c'est ce même peuple qui s'opposerait à la transformation pacifique d'impôts improportionnels écrasants en une contribution proportionnelle, et par cela même équitable et légère ! Allons donc, cette objection n'est pas sérieuse.

Mais je vais plus loin : j'admets que toutes ces objections soient fondées ; que le remaniement général des impositions et la tentative d'une réforme radicale ne conviennent qu'à des temps calmes, où toutes choses suivent un cours normal, qu'il soit difficile d'évaluer le revenu de chaque citoyen, avec une exactitude suffisante pour que l'on puisse asseoir sur cette évaluation, une contribution proportionnelle et unique; qu'un parti pourrait, à un moment donné, dominer dans les commissions chargées de cette évaluation, et en faire une arme funeste au parti contraire : qu'enfin notre caractère, nos mœurs, nos habitudes répugnent à cette évaluation du revenu de chacun, parce qu'elle pourrait être soupçonnée d'indiscrétion et de partialité.

Tout cela est-il une raison suffisante pour maintenir à jamais et pour aggraver sans cesse les impôts existants, s'ils sont, comme je l'ai prouvé, inconstitutionnels, iniques, impolitiques, vexatoires dans leur perception et immoraux dans leurs effets ; et enfin s'ils entretiennent dans la nation ce sourd mécontentement, cause active de nos révolutions ? La difficulté qu'il peut y avoir à faire cesser une iniquité criante, à réformer un abus dangereux, dispense-t-elle d'étudier avec résolution et persistance les moyens de les corriger ? Enfin, les hommes qui sont au pouvoir pensent-ils que les suffrages de leurs concitoyens les y ont portés uniquement pour leur faire de doux loisirs et une existence dorée ? Cette pensée pouvait être vraie sous la monarchie qui ne vivait que d'abus et que toute réforme importunait et inquiétait ; mais elle n'est plus vraie sous la République qui ne peut vivre et se consolider que par la réforme des abus et par l'application d'une stricte justice distributive. Que le gouvernement, que la représentation nationale surtout se mettent donc franchement et résolûment à l'œuvre, et bientôt ils reconnaîtront que toutes ces objections, que toutes ces dfficultés ne sont que des bâtons flottants qui de loin font peur, mais de près font rire. Mais que le gouvernement et l'Assemblée nationale repoussent énergiquement, absolument l'impot sur le revenu tel que M. Germain l'a demandé dans la séance du 20 juin, parce que cet impôt, avec ses exemptions, ses catégoriés, est en réalité l'absurde impôt progressif, l'impôt qui paralyserait le commerce et l'industrie, qui chasserait les capitaux, qui ruinerait la France, qui ferait naître la haine du pauvre dans le cœur du riche, qui aujourd'hui aime le pauvre, lui vient en aide en toute occasion et de toute manière, lui donne souvent du travail non pas à cause du besoin qu'il a du produit de ce travail, mais pour que le pauvre puisse recevoir avec satisfaction, avec fierté, le secours qui l'humilirait sous forme d'aumône ; en un mot, c'est l'impôt communeux. Il se présente maintenant timide, modeste, anodin ; mais si jamais il pénétrait dans nos lois, il grandirait bientôt, comme fait la calomnie, et la France ne tarderait pas à être rayée du nombre des nations industrielles, intelligentes et civilisées.

La question des salaires agite aujourd'hui le monde entier.

La contribution générale, proportionnelle et unique sur les revenus en facilitera la solution. Le commerce et l'industrie débarassés de leurs entraves, donneront de plus grands bénéfices, et partant l'ouvrier obtiendra une augmentation directe de salaire ; il en obtiendra une indirecte par la notable réduction de ses dépenses de nourriture et d'entretien, réduction qui sera la conséquence de la suppression de tous les impôts sur les objets de consommation, impôts qui rendent si lourds pour lui les énormes droits de détail.

Comme tout ce qui est nouveau, l'idée de cette contribution sera accueillie avec hésitation, avec défaveur peut-être ; mais qu'on l'étudie consciencieusement, sans amour-propre, sans parti pris, avec le vif désir d'arriver à la découverte de la vérité, et son triomphe est assuré.

Je viens de dire que le système de la contribution proportionnelle et unique sur le revenu était un *sytème nouveau*. Cette expression n'est vraie que relativement à la France, car la contribution sur le revenu existe depuis un grand nombre d'années en Angleterre et en Allemagne, au grand avantage des finances de ces pays et à la satisfaction des contribuables. C'est grâce à cette contribution que, sans nouveaux impôts, sans perturbation aucune, la ville de Francfort a pu satisfaire aux exigences de la Prusse et payer, un peu cher peut être, le bonheur qu'elle a depuis 1866, de n'être plus ville libre et d'être annexée à l'empire d'Allemagne.

Il y a plus : si l'application du système de la contribution proportionnelle et unique sur le revenu serait chose nouvelle en France, sa théorie y est ancienne et a eu pour apôtres des hommes du plus grand mérite. Parmi eux, il faut citer en première ligne Vauban, qui fut non-seulement le premier des ingénieurs, mais encore un économiste des plus distingués. C'était à la fin du XVIIe siècle, sous le règne de Louis XIV et pendant sa seconde moitié, qui fut plus sombre et plus désastreuse que la première n'avait été brillante. L'ingratitude du roi avait tué Colbert déjà malade du chagrin de voir détruire sa grande œuvre, la restauration des finances, qui lui avait coûté vingt années de travaux. Le contrôle général des finances était tombé aux mains de Pontchartrain, homme présomptueux et courtisan sans scrupule. Les folles dépenses de Louis XIV, sa prodigalité pour ses courtisans et pour ses bâtards, et ses guerres incessantes avaient jeté les finances dans un désordre qu'augmentaient les expédients ruineux du contrôleur général. La misère en France était extrême. M. de Bois-Guilbert, lieutenant-général au baillage de Rouen, était venu présenter à M. de Pontchartrain qui l'avait brutalement éconduit, un système de finances plus scientifique qu'applicable.

« Un esprit moins emporté dans la spéculation, dit M. Henri Martin dans sa belle histoire de France, mais beaucoup plus pratique, murissait pendant ce temps un projet bien autrement large et logique, Vauban, homme aussi grand par le cœur que par l'intelligence, avait commencé depuis vingt ans, à lui seul, une enquête analogue à celle dont le conseil du roi chargeait tous les intendants du royaume.

« De cette même main qui fortifiait la France, il traçait des plans admirables pour l'amélioration du sol, qu'il avait si bien mis en défense. La canalisation du territoire, aujourd'hui presque achevée, n'est que l'application de ses patriotiques desseins ; en même temps il créait en quelque sorte la statistique par les renseignements de toute nature qu'il recueillait dans ses voyages continuels à travers le royaume. Il y dépensait tous les bienfaits dont le roi avait payé ses services ; les détails les plus infimes sur les dernières classes du peuple étaient ce qui le touchait le plus. Son regard, trop ferme pour se laiseer éblouir par les splendeurs de la surface, creusait la société jusqu'au tuf pour en sonder la solidité...... La question capitale, pour lui comme pour Bois-Guilbert, était celle de l'impôt ; il y consacra non pas un mémoire, mais un livre. Il avait reconnu la nécessité d'un changement radical. Colbert avait pu relever les finances par de simples réformes ; les réformes ne suffisaient plus, il fallait une révolution. Vauban ne s'attache pas, comme Bois-Guilbert, à rechercher les lois abstraites de la richesse et de l'économie politique en général ; il pose nettement le principe spécial de la théorie des impôts que Bois-Guilbert n'a pas vu, et il conclut sans hésiter. Colbert a pesé sur les impôts indirects comme relativement plus équitables que l'impôt direct auquel la partie riche et influente de la nation (la noblesse et le clergé) n'est pas soumise ; mais cette justice n'est que relative ; elle est même devenue tout à fait illusoire, grâce aux gros droits de détail qui pèsent sur les pauvres seuls. Où donc est la vraie justice? Quel est le vrai principe en matière d'impôts? — C'est que tout sujet doit contribuer à tous les besoins de l'Etat en proportion de ses facultés, et non en proportion de ses besoins. — Sur quoi doit être assis l'impôt? — Sur le revenu et sur les fruits de l'industrie; tout privilége qui exempte de cette contribution est injuste et abusif; cette exception doit disparaître. »

« Avec l'impôt proportionnel sur le revenu, la *Dîme royale*, comme il l'appelle, plus de traitants, plus d'affaires extraordinaires, plus d'emprunts, plus de perception vexatoire et pire que l'impôt lui-même. Le roi haussera ou baissera la dîme suivant les besoins de l'Etat, en sorte qu'on ne paie en temps ordinaire qu'une demi-dîme ou un vingtième, et qu'en cas de nécessité l'impôt monte graduellement jusqu'à la dîme entière. »

« Mais que l'on se garde surtout de vouloir mêler ce système avec la taille ou les aides; on ruinerait la France! »

« Vauban, durant plusieurs années, ne publia rien de ses travaux qu'il méditait et perfectionnait de jour en jour; il s'efforçait sans cesse d'insinuer ses idées au roi et aux ministres; le roi et son conseil reculèrent devant les innovations colossales que proposait le guerrier réformateur. Un chef de gouvernement n'entreprend pas de révolution à soixante ans. Et cependant le mal s'accroissait chaque année, et le cœur patriote de Vauban se gonflait. »

« En 1707, des signes effrayants de décomposition se manifestaient dans le corps social. Bien que la cour ne changeât point d'apparence, que les plaisirs fastueux suivissent leur cercle accoutumé, et que la jeune et vive duchesse de Bourgogne jetât parmi les pompes obligées de l'étiquette un mouvement, une gaieté superficielle qui distrayait le vieux roi, l'anxiété était au fond de toutes les âmes, et les sombres préoccupations qui allaient croissant transpiraient partout sous ces dehors convenus. Si les plus frivoles et les plus indifférents à la chose publique se sentaient forcés de devenir sérieux, quelle devait être l'angoisse des hommes qui avaient prévu de loin la ruine, et qui croyaient avoir en mains les moyens de la conjurer! Fénelon à Cambrai, Vauban à Paris, Bois-Guillebert à Rouen, se consumaient du désir d'agir et du regret de leur impuissance. Vauban assiégeait incessamment les hommes qui dirigeaient les affaires. Chaque faute, chaque misère nouvelle le confirmaient dans son système sur le changement radical des impôts. Il éclata enfin; il tenta de faire appuyer, imposer par l'opinion du dehors ce qu'il n'avait pu insinuer aux hommes d'Etat dans le secret du cabinet. Il publia au commencement de 1707 le livre de la *Dîme-Royale* et le présenta au roi. Une cabale formidable avait circonvenu Louis XIV; intendants, officiers de finances, partisans et fermiers, courtisans intéressés dans les affaires des traitants, tout ce qui devait sa richesse et sa puissance aux abus de la perception, s'étaient ligués contre un plan qui ne sauvait le peuple qu'en ruinant leur caste parasite. Le roi circonvenu, irrité qu'on prétendît l'éclairer de vive force, accueillit très-mal le projet de l'auteur, et traita Vauban comme un rêveur qui ébranlait son Etat pour des chimères. Cinquante ans d'immortels services furent oubliés en un jour. Un arrêt du conseil du 14 février 1707 ordonna que le livre fût saisi et mis au pilori. Vauban mourut six semaines après (30 mars); nul doute que le chagrin n'eût accéléré sa fin. La France ne fut pas complice de l'ingratitude de son roi; elle pleura le grand homme dont la vie et la mort lui avaient été consacrées. Les ennemis même s'inclinèrent devant la tombe de Vauban, comme ils avaient fait jadis devant celle de Turenne, et le nom inscrit sur cette tombe resta pour toujours associé dans l'histoire à ces grands types du guerrier-citoyen que nous a laissés l'antiquité.

Si au lieu de 69 ans, Louis XIV n'en avait eu que 30 quand Vauban lui présenta son livre, le système du guerrier patriote eût très probablement été adopté, malgré la cabale des gens de finances et des courtisans; parce que à trente ans l'esprit est actif entreprenant, et le cœur généreux; parce que, à cet âge, on n'est point dominé par l'habitude et enchaîné par son passé. Et quelles conséquences l'adoption de ce système eût produites! La contribution répartie proportionnellement sur tous cessait d'être inique, vexatoire et devenait légère pour tous; l'Etat payait sa dette, n'en contractait plus et échappait aux traitants, la nuit du 4 août était faite, les privilèges de la noblesse et du clergé n'étaient plus que des distinctions honorifiques, le peuple était calmé et la révolution de 1789 était conjurée, ainsi que toutes celles qui l'ont suivie. Oh ! que l'orgueil et l'entêtement de Louis XIV ont coûté cher à la France !

Les circonstances sont aujourd'hui, sous beaucoup de rapports, les mêmes qu'en 1707 ; et si l'Assemblée nationale ne fait pas acte d'intelligence et de virilité, l'adoption de l'impôt proportionnel et unique sur le revenu sera encore ajourné peut-être, hélas ! jusqu'à ce qu'une révolution nouvelle vienne l'imposer. Quelles sont, en effet, les opinions du gouvernement en matière d'impôts ? Ecoutons son organe le plus autorisé :

Dans son exposé des motifs de la loi de finances, dont il vient de soumettre le projet à l'Assemblée nationale, le ministre a dit : « Au milieu des circonstances qui ont arrêté le mou-« vement industriel, troublé les relations commerciales et mul-« tiplié les obstacles au développement de la richesse publique, « nous n'avons voulu ni remanier le système général des im-« positions, ni tenter quelques réformes radicales. *Ces rema-« niements, ces tentatives ne conviennent qu'à des temps « calmes où, toutes choses suivant un cours normal, on « peut asseoir sur des produits réguliers des prévisions « certaines.* »

Je dis d'abord que ceci n'est point logique. Quoi ! c'est au moment où le mouvement industriel est arrêté, où les relations commerciales sont troublées, où les obstacles au développement de la richesse publique se sont multipliés, qu'on songe à frapper le commerce, l'industrie et la consommation d'impôts nouveaux devant produire une somme déterminée, nécessaire pour couvrir non pas des dépenses à faire et facultatives, mais des dépenses faites et qu'il faut payer ! C'est alors qu'on repousse la seule contribution sur laquelle l'arrêt momentané du commerce, de l'industrie et de la consommation n'ait aucune influence, la seule qui puisse donner avec certitude la somme dont on a besoin ! Quoi ! c'est en temps de révolution, c'est-à-dire de rénovation, de changement, alors qu'à la monarchie, au pouvoir personnel vient de succéder la République ; c'est quand le pays tout entier demande des réformes en harmonie avec le nouvel ordre de choses et, pour ne point gêner le gouvernement, se montre à son égard d'une docilité presque craintive, que M. le ministre ajourne indéfiniment ces réformes! En vérité, c'est à n'y rien comprendre. Prend-il au moins d'une manière expresse l'engagement de faire ces réformes radicales quand les temps calmes seront revenus, quand toutes choses auront repris leurs cours normal; non, il garde prudemment le large et il exprime seulement une opinion philosophique sur cette question : *quand convient-il qu'un gouvernement fasse des réformes?* Je considère donc les paroles de M. le ministre comme un refus positif, et je tiens pour certain que, lorsque le calme et la sécurité seront rétablis — ce qui, je le crains fort, n'aura pas lieu de sitôt,— quand, comme par le passé, les impôts payés non sans murmure, mais sans résistance, feront arriver au trésor de nombreux millions, à celui qui réclamerait de lui l'accomplissement de sa quasi-promesse, M. le ministre répondra: en premier lieu, je n'ai rien promis; en second lieu, quand j'aurais eu la faiblesse de faire la promesse imprudente que vous invoquez, les circonstances me défendraient de la tenir. Comment, c'est quand tout marche à souhait, quand le pays est calme et prospère que j'irais compromettre ce calme, cette prospérité par l'application d'un système nouveau auquel, sauf quelques rêveurs, parsonne ne pense plus! Ce serait une folie, je ne la ferai pas. *Les remaniements d'impôts, les réformes radicales ne conviennent qu'à des temps de révolutions où tout est remis en question.*

Quand on se rend compte de la supériorité que, sous tous les points de vue, la contribution sur le revenu a sur tous nos impôts si compliqués, qui sont un lourd fardeau pour quelques-uns et une vexation pour tous, on s'étonne qu'aucun des gouvernements qui se sont succédé en France depuis trois quarts de siècle n'ait songé à l'établir; on ne comprend pas surtout qu'un esprit aussi lucide que celui de M. Thiers n'en aperçoive pas tous les avantages; que cet éminent homme d'Etat, lorsqu'en 1848, et tout récemment le 20 juin dernier, en répondant à M. Germain, il repoussait si éloquemment l'impôt progressif, ne se soit pas dit: l'impôt progressif est si absurde et serait évidemment si dommageable aux pauvres eux-mêmes que sa demande ne doit pas être prise au pied de la lettre, mais doit être considérée comme l'expression, faussée par la colère, d'une pensée vraie, d'une réclamation légitime, et que, partant de là, il ne se soit pas livré à l'examen du système d'impôts, cause de cette aveugle colère. Cet examen l'aurait nécessairement amené à reconnaître que cet absurde et inique impôt progressif existait plus absurde et plus inique que celui qui était demandé, existait au profit du riche contre le pauvre, et à user de la confiance qu'il inspire et de la disposition où, après la tourmente qu'il vient de subir, le pays se trouve d'accepter tout ce qu'il lui proposera, pour attacher son nom à une réforme qui le placerait au-dessus des Huskisson, des Cobden, des Peel et des Gladstone. Serait-ce, comme je l'ai dit, qu'il lui est aujourd'hui impossible de rompre avec son passé et d'accepter un système nouveau? Ce serait bien fâcheux ; mais comme un intérêt aussi grave pour le pays doit passer avant toute considération personnelle, ce serait à l'Assemblée nationale à faire preuve de virilité et à ne pas se montrer dépendante et soumise comme l'a été le Corps législatif sous l'empire.

Je m'arrête ici, non pas parce que le sujet est épuisé, mais parce que mon but est uniquement d'appeler l'attention et une large et sérieuse discussion sur la question si grave, si dominante de la réforme de notre système d'impôts. Cette question est à l'ordre du jour dans l'Assemblée nationale, dans la presse, dans le pays entier ; cependant il ne s'est encore produit que des expédients, des mesures temporaires aggravant les vices incontestés de notre organisation présente. C'est ce qui m'a décidé à écrire ce qui précède. La réforme que je propose est radicale, mais je n'hésite pas à affirmer qu'elle est éminemment constitutionnelle, équitable et pratique, et que un peu plutôt ou un peu plus tard elle sera adoptée. Les idées nouvelles, quelque justes, quelqu'utiles qu'elles soient, ne pénètrent que lentement dans les esprits ; mais quand elles s'en sont une fois emparées, leur progrès ne s'arrête plus. L'idée de la contribution proportionnelle et unique sur les revenus fait en ce moment son chemin. Pendant que je m'en occupais ici, M. Jules Siegfried, du Hâvre, en faisait le sujet d'un travail plus étendu, et M. Coninck, de la même ville, terminait ainsi une lettre adressée au *Journal des Débats* sur le même sujet:
« Il faut donc se joindre à M. Jules Siegfried pour demander,
« comme d'autres l'ont fait avant lui, que l'Assemblée natio-
« nale, s'inspirant de ce qui est juste, proclame la liberté

« commerciale et l'impôt sur le revenu, afin d'arriver sans nou-
« velles secousses à réaliser les dispositions fondamentales de
« la Constitution de 1791 qui veulent *que les contributions*
« *soient réparties entre tous les citoyens en proportion*
« *de leurs facultés.* »

1er septembre 1871.

FIN.

Imprimerie Henri DAMELET, à Lons-le-Saunier.

www.ingramcontent.com/pod-product-compliance
Ingram Content Group UK Ltd.
Pitfield, Milton Keynes, MK11 3LW, UK
UKHW031943260826
14628UKWH00004B/1822